AF311622

CATALOGUE

des

Aquarelles Originales

Sepias, Encre de Chine, etc., etc.

de la

" COLLECTION GUILLAUME "

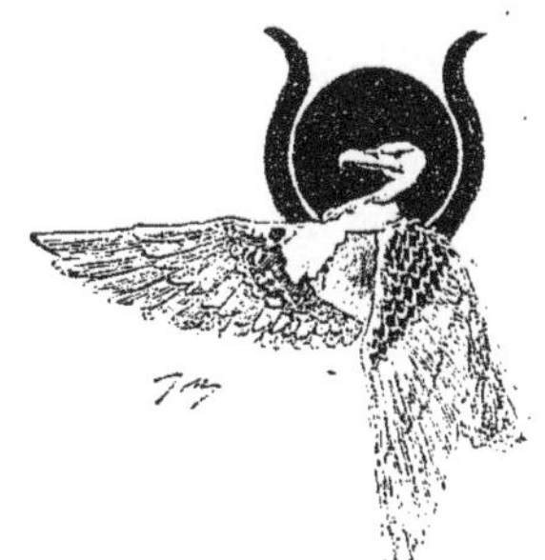

EXPOSITION

Les Mercredi 9 et Jeudi 10 Mai et la Vente Vendredi 11
et Samedi 12 Mai 1894

Galerie GEORGES PETIT, 8, rue de Seze

—

PARIS

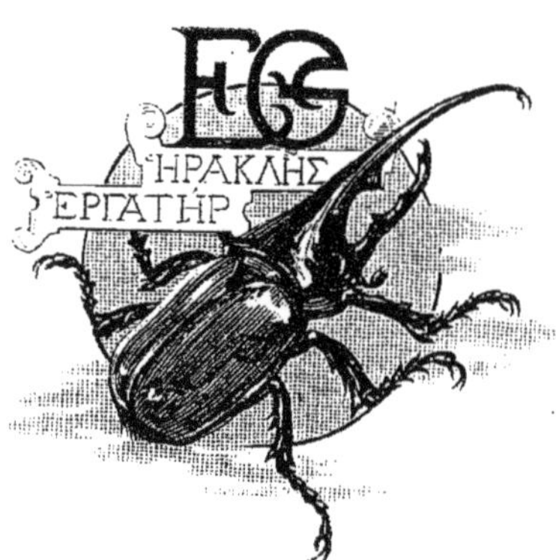

Edouard Guillaume, imp.-édit., 105, boulevard Brune, Paris.

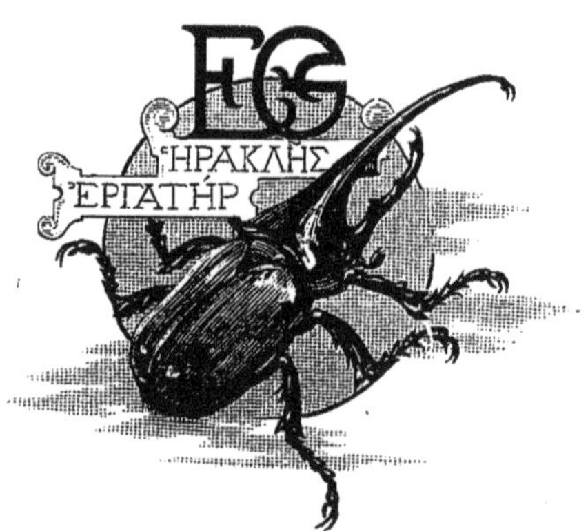

ΗΡΑΚΛΗΣ
ΕΡΓΑΤΗΡ

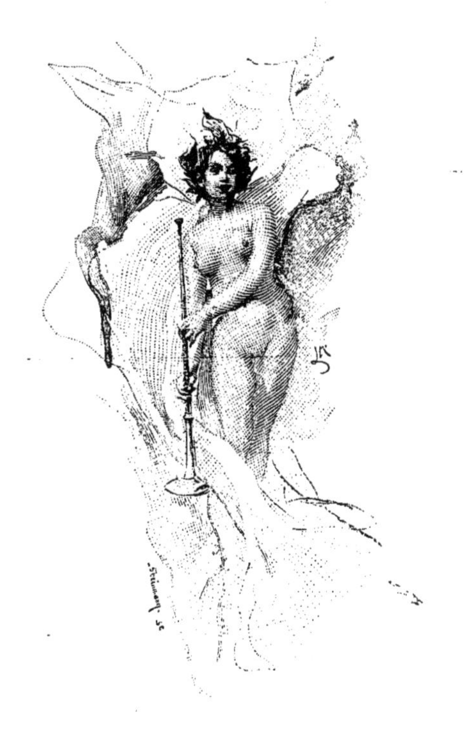

“ Collection
Guillaume ”

Conditions de la Vente

Elle sera faite au comptant.

Les acquéreurs paieront *cinq pour cent* en sus des adjudications.

N. B. — *Les aquarelles et dessins ayant servi à illustrer les volumes de la " Collection Guillaume " sont environ quatre fois plus grands que les reproductions.*

CATALOGUE

des

Aquarelles Originales

Sépias, Encre de Chine, etc., etc.

Ayant servi aux illustrations

de la

" COLLECTION GUILLAUME "

par

ALLONGÉ — ARANDA — BAUGNIES
BAYARD — DE BEAUMONT — BIELER — BOUTIGNY — BURNAND — CONCONI
FRAIPONT — GAMBARD — GIRARDET — MAISONNEUVE
MERWART — MYRBACH — DU PATY — PICARD — PILLE — ROSSI

Dont la vente aura lieu à Paris

Galerie **GEORGES PETIT**, 8, rue de Sèze

Les Vendredi 11 et Samedi 12 Mai 1894, à 2 heures *précises*

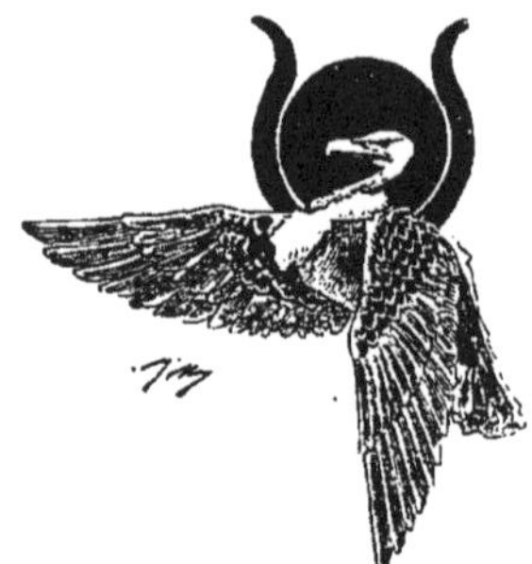

COMMISSAIRE-PRISEUR	EXPERT
Mᵉ **PAUL CHEVALLIER**	M. **GEORGES PETIT**
10, rue Grange-Batelière, 10	12, rue Godot-de-Mauroi, 12

PARIS

EXPOSITION

Les Mercredi 9 et Jeudi 10 Mai 1894
De 1 heure à 6 heures

NOTICE

Qui ne se souvient de l'apparition du *Tartarin sur les Alpes*, à la fin de 1886? Ce fut un étonnement, un émerveillement universels, — un assaut des librairies — la sensation de quelque chose de très neuf et de très passionnant. C'était, en effet, une grande nouveauté : la *Collection Guillaume* venait de naître, et avec elle une ère de la librairie contemporaine, une renais-

sance du livre. Depuis, les chefs-
-d'œuvre de grâce, de goût, d'origi-
nalité ont tellement abondé sous ce
nom inconnu en 1885, qu'on peut dire,
sans exagération, que la *Collection
Guillaume* est la plus célèbre et la
plus recherchée de France.

Cédant à des vœux mille fois expri-
més par des collectionneurs et par des
amoureux du livre désireux de joindre
des originaux à leurs gravures, de com-
pléter leur bibliothèque par quelques
délicieuses aquarelles, nous nous dé-
cidons à exposer, et à mettre en vente,
les aquarelles originales des premiers
volumes publiés par M. Guillaume.

Nul doute que cette exposition n'ait
le considérable succès, et les joies que
tout amateur du livre, tout passionné
d'art et d'histoire de l'art, lui doit sou-
haiter; car, à côté de la valeur intrin-
sèque de chaque aquarelle, il s'y ratta-
che le souvenir du livre et de l'épisode
qu'elle illustre.

Il est certain que peu de temps après

leur éparpillement sous le marteau du commissaire-priseur, ces aquarelles augmenteront rapidement de valeur, les artistes qui les ont exécutées entrant de plus en plus dans la gloire.

Avis donc aux amateurs d'art et de bibliophilie. Voilà une occasion pour qui sait prévoir.

Les personnes n'habitant pas Paris peuvent se faire représenter par M. Georges PETIT, 8, rue de Sèze, à Paris, et lui transmettre leurs ordres.

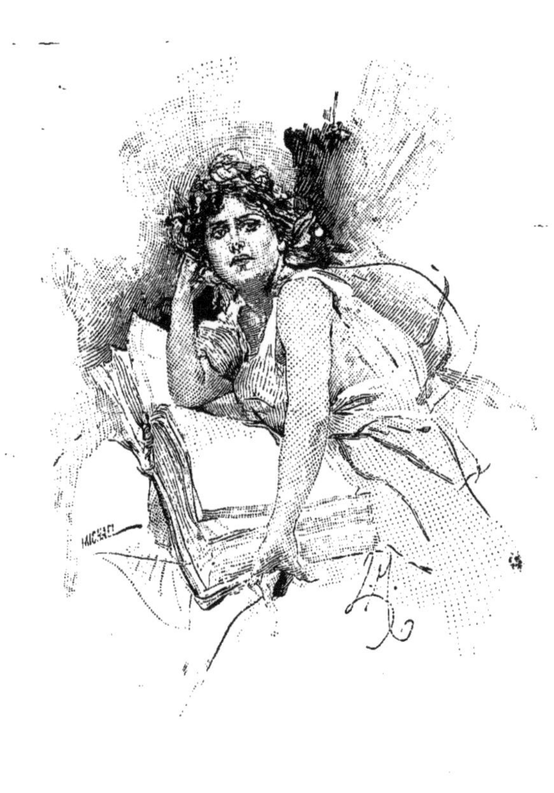

AQUARELLES ORIGINALES

Madame Chrysanthème

par

PIERRE LOTI

✢

LUIGI ROSSI

1. — Frontispice.

2. — Intérieur d'un *Jardin-des-Fleurs.*
— P. 35.

3. — Mademoiselle Jasmin... ma fian-
cée... s'avance souriante. —
P. 49.

4. — Mademoiselle Chrysanthème. — P. 52.

5. — Les familles se retirent, avec force courbettes, révérences... — P. 56.

6. — Elles sont drôles, ainsi rangées en bataillon. — P. 91.

7. — Les repas de Chrysanthème sont une invraisemblable chose. — P. 119.

8. — Deux bouffées, trois au plus,... la pipe est finie. — P. 135.

9. — Madame Très-Propre, marchande de lanternes. — P. 147.

10. — M. Sucre a tracé deux cigognes charmantes. — P. 165.

11. — Le mari de Madame Prune s'offrait à lui peindre quelques cigognes. — P. 167.

12. — Enfin Madame Prune apparaît. — P. 202.

13. — Souvent Chrysanthème enseigne à Oyouki. — P. 203.

— 7 —

14. — J'ai rencontré aujourd'hui une mousmé exquise. — P. 226.

15. — Mademoiselle Orange exécute des pas délicieux. — P. 295.

16. — Étendu sur ma couchette, livré aux tatoueurs. — P. 305.

17. — Des cascades dégringolent des toits. — P. 24.

18. — Elles tombent à quatre pattes. — P. 29.

19. — Je vais essayer de regarder par une fente. — P. 34.

20. — Entre tout à coup l'enfant d'à côté. — P. 38.

21. — Ici, c'est une dame qui s'évente. — P. 44. —

22. — Bébé Japonais. — P. 58.

23. — Chrysanthème joue tout le jour d'une sorte de guitare. — P. 61.

24. — Sa figure,... c'est quelque chose d'assez à part. — P. 65. —

25. — « Idole ! » — P. 67. —

26. — « Entrez, monsieur Kangourou ! »
   P. 116.

27. — A travers la gaze transparaissait
   la Japonaise. — P. 73.

28. — Nous recevons toutes ces dames.
   — P. 87.

29. — Là... on débouche en plein Na-
   gasaki. — P. 90.

30. — M. Sucre et Madame Prune, toujours à genoux. — P. 99.

31. — Oyouki. — P. 100.

32. — Cette petite Chrysanthème, je
   ne la déteste pas en somme.
   — P. 104.

33. — Paysage. — P. 105.

34. — Elle avait un air de fée morte.
   — P. 113.

35. — Intérieur japonais. — P. 131.

36. — Et ce tapotage qui s'entend par-
   tout. — P. 136.

37. — Madame Prune en prière. —
   P. 137.

38. — Retour sous la pluie. — P. 145.

39. *a* L'encrier de M. Sucre. — P. 166.

   b Masque. — P. 176.

   c Figures de dieux et de monstres. — P. 177.

40. — Il y a surtout une marionnette de vieille femme... — P. 185.

41. — Madame Renoncule dans son jardin. — P. 189.

42. — Ce parc de quatre mètres carrés. — P. 190.

43. — Avec des petits lacs. — P. 191.

44. *a* Bambou, jeune frère de Chrysanthème. — P. 194.

   b Chrysanthème replace son petit Bambou à cheval. — P. 199.

45. — Une Mousmé. — P. 223.

46. *a* Elle se redresse, frotte ses yeux. — P. 286.

   b Madame Prune apparaît ensuite. — P. 287.

47. — Je cherche une feuille d'album, et, assis par terre, je commence. — P. 290.

48. — Les trois femmes suivent les mouvements de mon crayon. — P. 291.

49. a Trois personnages conduits par Kangourou. — P. 303.

b Ils tiennent des cartons sous leurs bras. — P. 304.

50. a Armée d'un petit marteau, elle fait tinter les piastres. — P. 311.

b Vase et fleurs de lotus fanées. — P. 323.

51. — Elle se prosterne sur le seuil de la porte. — P. 314.

52. a Je les jette, ces pauvres lotus. — P. 324.

b O Ama-Térace-Omi-Kami, lavez-moi bien blanchement de ce petit mariage. — P. 325.

c Marionnette. — P. 326.

53.   *a* Un *Jardin-des-Fleurs*. — P. 28.
     b Marionnette japonaise. — P. 57.
     c Cortège aux lanternes. — P. 60.
     d Service à thé. — P. 265.
     e Mademoiselle Orange a des masques de vieille femme. — P. 294.
     f Un palmier.

54.   *a* Lanterne. — P. 53.
     b Bougeoir. — P. 66.
     c Cuve à riz. — P. 120.
     d Souvenir de Stamboul. — P. 140.
     e Lanternes. — P. 146.
     f Masque. — P. 198.
     g Appareil photographique. — P. 242.
     h Ombrelle. — P. 283.
     i Un matelot.

55.   *a* Une souris. — P. 74.
     b Pot à thé. — P. 119.
     c Pipe et boîte à fumer. — P. 131.
     d Masques. — P. 184.
     e Pot à thé. — P. 220.
     f Vase et fleurs. — P. 229.
     g Rat. — P. 258.
     h Cigale. — P. 280.

56. *a* Branche. — P. 45.

b Branche et cigales. — P. 105.

c Paravent et vase. — P. 111.

d Cigale sur une branche. — P. 124.

e Enfants japonais. — P. 188.

f Vase et cigogne. — P. 298.

57. *a-b* Petites tasses, petits pots à thé. — P. 48.

c Guitare et autres instruments. — P. 62.

d Écran. — P. 102.

e Voiture japonaise. — P. 110.

f Guitare et divers accessoires. — P. 310.

58. *a* Lotus. — P. 4.

b Lampe. — P. 101.

c Promenade nocturne avec lanternes. — P. 127.

d Cigognes. — P. 168.

MYRBACH

59. — Envahis par un Japon mercantile. — P. 13.

60. — Trois djins rapides nous entrai-
nent. — P. 79.

61. — Elle est adroite, Chrysanthème.
— P. 83.

62. — Yves, luttant contre les petites
mousmés. — P. 86.

63. *a* Ils sont devenus si amis, Yves,
Chrysanthème, Oyouki. —
P. 107.

  b Ma famille japonaise. — P. 109.

64. — Des bonzes marchent en tête du
cortège. — P. 123.

65. — Oyouki me prie d'arranger le
nœud de sa belle ceinture. —
P. 173.

66. — Un « sampan » mené à la godille
par deux enfants. — P. 20.

67. — L'un d'eux a ouvert un immense
parapluie. — P. 21.

68. — Et quel homme-vapeur, mon
djin ! — P. 25.

69. — Entrée de M. Kangourou. —
P. 39.

70. — Mariage de Chrysanthème... devant les « Samouraï ». — P. 59.

71. — A la nuit, nous descendons... portant des lanternes. — P. 70.

72. a Et tous les vendeurs, assis par terre. — P. 92.

b L'une à l'autre, elles se présentent des cadeaux. — P. 93.

73. a Trainant par la main sa mousmé. P. 96.

b Louis de S... est le confident de nos femmes. — P. 97. —

74. a Louis de S..., Yves et Oyouki. — P. 98.

b En bas, une chanteuse s'était installée. — P. 121.

75. a Je crois Yves amoureux de Chrysanthème. — P. 126.

b Tous les petits agents se prosternent à quatre pattes. — P. 158.

76. a Une légion d'ouvriers japonais nous envahissent. — P. 159.

b A ce moment-là, les gens sont tout nus. — P. 205.

77. *a* On fouille soi-même dans des coffres. — P. 231.

b Madame Prune me montra une relique de sa galante jeunesse, un peigne en écaille blonde. P. 235.

78. *a* Je trouve Yves le torse nu. — P. 243.

b Nos chars roulent dans la nuit très noire. — P. 247.

79. *a* J'ouvre un des panneaux et je regarde. — P. 253.

b M. Sucre arrose ses arbustes nains. — P. 269.

80. — J'ai fait asseoir Yves pour lui parler de Chrysanthème. — P. 277.

81. *a* Un cortège « dans le quartier des dames galantes ». — P. 281.

b Les matelots font la chaîne. — P. 302.

— 16 —

82.
a Fleurs.
b Chrysanthème pinçant de la guitare. — P. 69.
c Yves apprend le pigeon-volc japonais. — P. 108.
d Djin 415. — P. 110.
e *La Triomphante* sur rade. — P. 125.
f Agents de police nippone. — P. 155.
g Nous avons passé la journée à errer. — P. 195.
h Chrysanthème est venue me voir à bord. — P. 221.

83.
a Des souris blanches apprivoisées. — P. 12.
b Devant chez nous, quelques murs de jardins. — P. 117.
c Les chênes sont tordus. — P. 164.
d Oyouki... m'enlace à pleins bras. — P. 172.
e Des espèces de petits clercs... — P. 214.
f Chrysantheme... prie quelquefois le soir. — P. 234.
g Madame Très Propre nous choisit des lanternes. — P. 246.
h Les deux amies reprennent leur duo. — P. 282.
i Des Japonaises inconnues assistent à notre départ. — P. 320.

84.   *a* Des mousmés s'exercent à tirer
          de l'arc. — P. 82.
      b C'est une région de cimetières
          abandonnés. — P. 118.
      c Madame Prune a déposé une
          pieuse offrande. — P. 222.
      d Elle, accroupie près de moi. —
          P. 238.
      e Vieilles bornes funéraires ou
          vieilles statuettes... — P. 276.
      f Magots surmontés de cha-
          peaux melons ou canotiers.
          — P. 318.
      g C'est à lui, la seule poignée de
          main que je donne de bon
          cœur. — P. 319.

85.   *a* Les servantes tombent à quatre
          pattes. — P. 42.
      b Ma maison. — P. 43.
      c On a... une vue à vol d'oiseau
          très vertigineuse. — P. 64.
      d Toujours des vêtements som-
          bres, cette petite Chrysan-
          thème. — P. 209.
      e Le temple de la *Tortue sau-
          teuse.* — P. 211.
      f La gaze tendue jette sur eux
          des reflets. — P. 257.

— 86.	*a* L'escalier du grand temple d'Osueva. — P. 78.

b Notre véranda. — P. 103. —

c Elle a placé ses robes dans des petites niches fermées. — P. 141.

d Derrière nous, le temple tout illuminé. — P. 181.

e Ils sont vêtus de gaze noire et leur tête est rasée. — P. 215.

f Nous sommes conviés aux cérémonies religieuses. — P. 219.

g Une vraie aubaine — cette cuve — pour les chats du voisinage. — P. 227.

h Un vieil opticien nippon nous rapporte une sirène à vapeur. — P. 259.

i Quel effrayant bagage ! Dix-huit caisses ou paquets. — P. 299.

87.	16 illustrations sur feuilles : en-têtes, culs-de-lampe, etc...

Mensonges

par

PAUL BOURGET

✳

MYRBACH

88. — Couverture.

89. — Souriant, Claude entra dans
l'étroite salle à manger. —
P. 21.

90. — Une jeune femme était dans cette
antichambre. — P. 52.

91. — La comtesse Komof causait au
milieu d'un groupe. — P. 56.

92. — Il s'inclinait... sous le coup de
massue des compliments as-
sénés. — P. 73.

93. — Salvaney et Colette. — P. 78.

94. — Elle était assise et en train
d'écrire. — P. 147.

95. — Elle mit sous les lèvres du baron
un de ses yeux... puis le coin
de sa fine bouche. — P. 164.

—96. — « Voilà le beau, » reprit Mo-
raines. — P. 170.

97. — Elle lui tendit, de même qu'à
Desforges, son œil mi-clos et
le coin de sa bouche. — P. 173.

98. — Pour avoir toujours autour de
sa beauté... ces jupons de soie
molle. — P. 183.

99. — Paul prenait chaque matin le
thé avec sa femme. — P. 189.

100. — Durant tout ce rendez-vous. —
P. 200.

101. — Debout derrière lui... elle récita
les deux strophes. — P. 209.

102. — Claude regarda le jeune homme
et comprit. — P. 221.

103. — Dans une visite au Louvre.
— P. 245.

104. — Elle avait soin de s'incliner un
peu. — P. 249.

105. — Il osa prendre sa main gantée.
— P. 254.

106. — Il entra dans un café, et ce fut
là... — P. 263.

107. — « Encore une lettre de pauvre, »
dit-elle... — P. 291.

108. — « Le temps de vous serrer la
main, » dit Claude. — P. 316.

109. — Elle répondit avec la voix brisée
d'une victime. — P. 393.

110. — « Comme tu me parles ! » dit
Emilie. — P. 397.

111. — Les deux hommes restèrent un
moment debout en face l'un
de l'autre. — P. 403.

112. — Il osa enfin la regarder. — P. 426.

113. — « Ceci vous plaît-il ? » — P. 443.

114. — « Non, madame, mon frère n'est
pas là. » — P. 451.

115. — « Et vous, — interrogea Claude,
— où en êtes-vous ? » — P. 466.

116. — Rosalie, elle, avait jeté au visi-
teur un regard aussi explicite.
— P. 505.

117. — Claude et l'abbé Taconet. —
P. 509.

118. — « Monsieur, — fit le cocher, —
la grille est fermée... » — P. 1.

— 22 —

119. — Dans le salon. — P. 79.

120. — Son regard passait de Colette... — P. 83.

121. — Elle vint s'asseoir au pied du lit. — P. 99.

122. — Une charrette... la barrait à moitié. — P. 106.

123. — Elle introduisit le jeune homme. — P. 109.

124. — La jeune femme était couchée sur le divan. — P. 130.

125. — Il l'avait pris et il le feuilletait. — P. 136.

126. — Colette. — P. 138.

127. — René marchait parmi ces pensées. — P. 139.

128. — C'était une vraie dinette. — P. 157.

129. — Desforges tendit un écrin tout ouvert. — P. 161.

130. — Dans le miroir devant lequel on la coiffait. — P. 177.

131. — Larcher besognait... — P. 215.

— 23 —

132. — Alors il appuyait sa tête dans ses mains. — P. 228.

133. — Ainsi vêtue, assise sur un fauteuil bas... — P. 233.

134. — René, adossé contre la barre d'appui. — P. 237.

135. — ... A s'enfoncer dans le bois dépouillé. — P. 259.

136. — Elle était en train de la lire, quand Paul entra... — P. 285.

137. — Il lui dégrafait son manteau. — P. 303.

138. — ... Lorsque Suzanne quitta l'appartement. — P. 309.

139. — René et Emilie. — P. 322.

140. — « J'ai besoin de cette chaise... » — P. 329.

141. — Colette, les cheveux mal noués, les bras nus. — P. 355.

142. — Elle était là, seule sur le devant de la loge. — P. 371.

143. — Paul secoua de nouveau... la main du jeune homme... — P. 428.

144. — Au moment où René déchira cette enveloppe. — P. 459.

145. — Il trouva de sa main gauche la place du cœur. — P. 479.

146. — « Tiens, voilà ton amant! — P. 496.

147.   *a* La voiture roulait... — P. 45.
    b Baron Desforges. — P. 158.
    c Desforges traversait le boulevard. — P. 258.

148.   *a* Salvaney. — P. 47.
    b Desforges... tiraillait sa moustache. — P. 431.
    c Claude s'assit sur une chaise. — P. 521.

149.   *a* Intérieur chez les Fresneau. — P. 41.
    b Éventail, fleurs. — P. 429.
    c Gants, mouchoir, etc. — P. 458.

150.   *a* Ses pas l'avaient porté. — P. 119.
    b La maison de Mme de Moraines. — P. 145.
    c Venise. — P. 339.

— 25 —

151.   *a* Chambre de René. — P. 9.
      b Objets de toilette. — P. 187.
      c Fleurs. — P. 214.

152   *a* Le grand salon chez la comtesse
          de Komof.— P. 59.
      b Le décor avait pu être réduit
          à une toile. — P. 63.
      c Colette... se balançait sur un
          fauteuil. — P. 497.

153.   *a* M. Offarel. — P. 34.
      b Ferdinand, valet de Claude. —
          P. 127.
      c Elle se laissait adorer comme
          une idole. — P. 338.

154.   *a* Le jeune homme consulta sa
          montre. — P. 93.
      b Que devint-elle, lorsqu'elle vit
          René planté là... — P. 195.
      c « Monsieur René, il y a une
          dame... » — P. 299.

155.   *a* Colette Rigaud dans le *Sigis-
          bée*. — P. 65.
      b « Salvaney, votre bras... » —
          P. 81.
      c Angélique ramassa ses papiers
          et ses livres. — P. 111.

156.	*a* « Tiens... c'est monsieur Larcher » fit la bonne. — P. 13.
b Larcher. — P. 20.
c Rosalie. — P. 40.

157. — 9 illustrations sur feuilles : en-têtes et culs-de-lampe, etc...

✢ ✢ ✢

Uranie

par

CAMILLE FLAMMARION

—

Petite édition

—

EMILE BAYARD

158. — Couverture.

159. — Spero examine la vie d'une modeste plante. — P. 104.

160. — La belle créature du Nord rêvait... — P. 105.

161. — L'Étoile de la Vérité. — P. 128.

162. — Dans cette vie à deux... — P. 129.

163. — Sur les falaises de Granville. — P. 153.

164. — Apothéose. — P. 328.

165. — La jeune fille se retourna... — P. 352.

166. — ... Dans une Bibliothèque...... — P. 353.

ERNEST BIELER

167. — Au moment où je posais la lampe. — P. 8.

168. — C'était bien elle ! — P. 66.

169. — Des hauteurs de Passy. — P. 69.

170. — Il disséquait un cerveau... — P. 83.

171. — Ils allaient, suivant le cours de la Seine. — P. 135.

172. — Elle chantait. — P. 138.

173. — Ses bras autour du cou de Spero. — P. 145.

174. — Couverture (édit. du *Figaro*). — P. 182.

175. — Il croit voir son capitaine à son pupitre. — P. 214.

176. — La chaleur était accablante. — P. 243.

177. — Je m'arrêtai, pétrifié d'effroi. — P. 271.

GAMBARD

178. — Frontispice.

179. — Cul-de-lampe final.

MYRBACH

180. — Elle était sur le quai. — P. 94.

181. — Il osa venir auprès d'elle. — P. 99.

182. — L'aérostat s'éleva lentement. — P. 159.

183. — Bientôt l'esquif céleste... plana. — P. 161.

184. — Il porta la main à son front. — P. 175.

— 29 —

E. BIELER

185. — Elle était l'une des neuf Muses. — P. 1.

186. — La Muse céleste se tenait debout. — P. 5.

187. — Oh! elle était bien vivante. — P. 10.

188. — Les coupoles de l'Observatoire. — P. 11.

189. — Anneau de Saturne. — P. 15.

190. — Tout était bleu. — P. 19.

191. — Plantes. — P. 25.

192. — Paysage marsien. — P. 31.

193. — Aux arbres disséminés pendaient des êtres humains. — P. 38.

194. — Spero réfléchissait. — P. 46.

195. — *a* Ciel étoilé. — P. 54.

b La Terre. — P. 55.

c J'eus devant les yeux la Gaule de Jules César. — P. 59.

196. *a* Dans la juvénile beauté de son dix-huitième printemps... — P. 73.

b Cherchant entre les tombes. — P. 82.

c Il m'avoua ce jour-là... — P. 84.

197. *a* Stupéfaite, émue... — P. 87.

b Il se tenait près d'elle... — P. 97.

198. *a* Elle lui prit une main dans les siennes. — P. 119.

b Les vieux quartiers furent l'objet de leurs pèlerinages. — P. 142.

c Mes yeux tombèrent. — P. 190.

199. *a* « ... Son ami lui apparait de nouveau... » — P. 191.

b Le corps de son ami est découvert. — P. 193.

c « Monsieur le cardinal, je n'ai que faire avec vous. » — P. 208.

200. — « Je couchais avec ma sœur. » — P. 209.

201. — Il était là immobile. — P. 221.

202. — « M. de Swedenborg rentra au salon... — P. 226.

203. — Elle voit en songe son mari. — P. 228.

204. — Je fus étrangement surpris... — P. 245.

205. — Deux Lunes s'allumèrent... — P. 247.

206. — Deux habitants de Mars me regardaient. — P. 253.

207. — L'Observatoire. — P. 267.

MYRBACH

208. a Elle aperçut cet étrange profil. — P. 91.

b Écartant deux cordes, elle se précipite dans le vide... — P. 169.

c Une seule pierre recouvrit les deux tombes. — P. 173.

Uranie

Grande Édition

E. BIELER

209. — Rivage et mer. — P. 101.

210. — Lorsque l'un près de l'autre... — P. 103.

211. — L'île de la Cité. — P. 109.

212. — « ... Monsieur n'est pas encore descendu ? » — P. 232.

213. — Debout dans sa chaste nudité... — P. 255.

214. — C'étaient la duchesse de V... et sa fille... — P. 274.

215. — Je travaillais... — P. 275.

216. — 17 illustrations sur feuilles: en-têtes, culs-de-lampe, etc...

Sapho

par

ALPHONSE DAUDET

✿

LUIGI ROSSI

217. — Couverture.

218. — « Regardez-moi, voyons... » — P. 5.

219. — Toute leur histoire, cette montée d'escalier. — P. 20.

220. — Fleurs. — P. 21.

221. — Elle s'installa... — P. 23.

222. — Elle rentrait avec une brassée de fleurs. — P. 29.

223. — Occupés à égrener des raisins aux lèvres l'un de l'autre... — P. 33.

224. — Lui renversant la tête... — P. 35.

225. — Elle l'attendait devant le café. — P. 45.

226. — Ce fut Fanny Legrand qui s'installa... — P. 48.

227. — Dès son coup de sonnette, Fanny arrivait. — P. 57.

228. — Une nuit... elle est restée cinq heures... — P. 67.

229. — Belle, oh! belle! — P. 80.

230. — Perspective. — P. 81.

231. — Lettres et coffret. — P. 83.

232. — Inactive dans leur petit logis. — P. 97.

233. — Ou bien au piano... — P. 99.

234. — Elle s'étalait, se livrait dans son plein... — P. 104.

235. — Trois fois par semaine, Divonne venait en couture. — P. 111.

236. — Il fut surpris de trouver Fanny jouant aux cartes. — P. 115.

237. — Tandis que le courant les emportait. — P. 137.

238. — « ... D'abord, tu sais, si tu pars... ». — P. 143.

239. — « ... Eh bien, té! voilà la bête... » — P. 149.

240. — Sapho. — P. 163.

241. — « Ah! voilà notre Jean. » — P. 165.

242. — Elle avait pris cette dentelle. — P. 179.

243. — A table chez Rosario. — P. 189.

244. — Essayant d'apprivoiser le petit gars. — P. 221.

245. — Alice Doré. — P. 245.

246. — On regardait, à travers les lianes... le corps exposé. — P. 262.

247. — Oiseau et cage. — P. 263.

248. — « Suis-je assez laid, assez démoli...! » — P. 295.

249. — Cousinard, le petit modèle. — P. 298.

250. — « ... Je suis seule et je te pleure... » — P. 335.

GAMBARD

251. — Au bal masqué. — P. 11.

252. — Cette promiscuité des bottines... — P. 49.

MYRBACH

253. — « ... Vous ne buvez pas?... on peut?... » — P. 75.

254. — Chacun sur un banc du bateau. — P. 197.

255. — Ce calme tiède qu'égayaient les ritournelles... — P. 206.

256. — Oh! l'arrosage. — P. 213.

257. — Et tout à coup parut... un chargement de fillettes... — P. 235.

258. — Comme il montait en wagon, un matin... — P. 267.

259. — Rencontre d'Hochecorne. — P. 305.

— 37 —

260. — S'accrochant à lui, se traînant... — P. 313.

261. — « ... Et après?... » — P. 357.

262. a Le Castelet. — P. 105.

b Le père de Fanny. — P. 131.

c Soudain le train montant... — P. 172.

263. a La femme d'Hettéma. — P. 240.

b Là-bas... dans ce salon où ils étaient restés... à causer. — P. 271.

264. a La lettre qu'il est en train d'écrire. — P. 280.

b Paysage. — P. 299.

265. a Il avait fallu se battre... — P. 329.

b Place Vendôme. — P. 340.

266. — L'enfant, tout emmitouflé... — P. 351.

267. — Marseille. — P. 363.

268. — La nuit était sombre. — P. 369.

269. — 6 illustrations : en-têtes, culs-de-lampe, etc...

La Faute
de
L'Abbé Mouret

par

ÉMILE ZOLA

☆

E. BIELER

270. — La Teuse se hâta d'éteindre les cierges. — P. 23.

271. — L'abbé Mouret alla s'adosser. — P. 30.

272. — Rosalie se laissa tomber par terre. — P. 49.

273. — Le cabriolet s'était arrêté... — P. 59.

274. — Frère Archangias dînait à la cure. — P. 109.

275. — Puis revint appuyer son front. — P. 172.

276. — Vers le soir, agité d'un léger délire... — P. 201.

277. — Quand Albine eut ouvert les volets... — P. 205.

278. — Elle le laissa un instant pleurer dans ses bras. — P. 220.

279. — Albine et Serge entrèrent dans le parterre. — P. 248.

280. — Albine tapait des mains. — P. 265.

281. — Finissant par danser l'un devant l'autre. — P. 276.

282. — Elle se trouva à califourchon. — P. 277.

283. — Traversée de la rivière. — P. 292.

284. — Elle s'était écartée d'un bond. — P. 307.

285. — Il la lia de ses bras, toujours plus étroitement. — P. 370.

286. — « Par pitié, — répétait Albine, — ne regarde pas, Serge ! » — P. 379.

287. — L'abbé Mouret, en soutane, tête nue. — P. 402.

288. — La Teuse se tint devant l'abbé Mouret. — P. 409.

289. — Il s'était pris d'une dévotion extraordinaire. — P. 447.

290. — « Serge, dit-elle, je viens te chercher. » — P. 473.

291. — C'était devant elle qu'il se mettait à genoux. — P. 495.

292. — Le cabriolet du docteur Pascal était arrivé au bas du tertre. — P. 574.

293. — Frontispice.

294. — Mais le prêtre ne se tournait plus. — P. 29.

295. — Le chien des Artaud. — P. 38.

296. — Le cabriolet suivait le chemin creux. — P. 78.

297. — La Teuse en personne parut... — P. 83.

298. — Le prêtre, au fond de l'étroit jardin. — P. 90.

299. — Intérieur d'église. — P. 124.

300. — «... Ouvre les volets. » — P. 204.

301. — Un matin, Albine trouva Serge debout. — P. 221.

302. — Albine regardait Serge dormir.
— P. 233.

303. — Il la prit sur lui, la renversa sur
ses genoux. — P. 247.

304. — Ils s'égarèrent au milieu d'un
bois. — P. 264.

305. — Elle se renversait... — P. 289.

306. — Une ronce la retenait par la jupe.
— P. 293.

307. — Elle s'avançait prudemment... —
— P. 301.

308. — Ils marchaient l'un derrière l'autre. — P. 323.

309. — Après avoir pleuré toutes ses
larmes. — P. 334.

310. — Dans leurs longues heures de
tête-à-tête. P. 342.

311. — Il la suivit, chancelant d'abord,
puis attaché à sa taille. —
P. 358.

312. — Instinctivement Albine et Serge
levèrent la tête. — P. 359.

313. — Ils restèrent là, dans un repos
    délicieux. — P. 371.

314. — Désirée courut à la basse-cour.
    — P. 408.

315. — Elle entra. — P. 524.

316. — Frère Archangias vint faire sa
    partie avec la Teuse. — P. 525.

317. — A pas lents, tous deux redescen-
    daient. — P. 557.

318. — Il se prosternait. — P. 561.

CONCONI

319. — Le Paradou appartenait à un
    riche seigneur. — P. 268.

GAMBARD

320. a L'enfant, passant le premier. —
    P. 9.

    b Et le prêtre, élargissant les
    mains. — P. 10.

— 43 —

321. *a* « Ah! vaurien, tu manques l'école...» — P. 39.

    b Elle passait ses journées en pleine béatitude. — P. 91.

322. *a* Dans l'église... une dizaine de grandes filles. — P. 125.

    b Il se tourna, éleva la lampe. — P. 155.

323. *a* Il resta là, les pincettes à la main. — P. 156.

    b Cette fois, il marchait en tête du cortège. — P. 171.

324. *a* Fortuné et Rosalie baissaient le menton. — P. 387.

    b Tous les deux se penchaient anxieusement. — P. 401.

325. — Un tablier bleu serré à la taille... — P. 419.

326. *a* Puis il jeta les fleurs. — P. 426.

    b Frère Archangias resta là, à califourchon sur une chaise. — P. 427.

327. — Le Frère voulait jouer. — P. 429.

328. — Il se retourna à deux reprises. — P. 445.

329. *a* Désirée alla arracher de l'herbe
pour ses lapins. — P. 458.

b Désirée se vautrait sur le dos.
— P. 472.

330. — Il se trouva la face et les mains
baignées de larmes. — P. 534.

331. — Frère Archangias, vautré par
terre, dormant profondément.
— P. 540.

332. — 33 illustrations : en-têtes, culs-
de-lampe, etc.

Jack

par

ALPHONSE DAUDET

☆

MYRBACH

333. — Couverture.

334. *a* Frontispice.

b « Jack — dit d'Argenton — la
vie n'est pas un roman... » —
P. 190.

335. — Jack regardait Bélisaire couper son pain. — P. 216.

336. — En passant parmi la foule, Labassindre fut vite reconnu. — P. 286.

337. a Le chanteur se leva tout debout dans la barque. — P. 287.

b Un dimanche, Jack lisait... — P. 308.

338. a Le directeur fit descendre les coupables dans son cabinet. — P. 396.

b Il aperçut sa maîtresse au bras d'un grand monsieur... — P. 416.

339. a L'enfant, habillé à l'anglaise, ressemblait. — P. 446.

b Une grande ombre monte, se traîne au mur. — P. 468.

340. a L'ordonnance finie, la paysanne se retira. — P. 492.

b « Buvez-vous de l'eau-de-vie, monsieur Jack ? » — P. 514.

341. a Jack et Cécile saisirent chacun un panier d'osier... — P. 516.

b Assise près de moi, elle me raconte à voix basse...—P. 532.

342. *a* « Vous pouvez compter sur moi, madame Weber. » — P. 552.

b « Crois-tu que j'aie eu vite arrangé cela ? » — P. 576.

343. *a* « Champagne... Champagne... » Les coupes se tendaient... — P. 594.

b Ida descendait au cabinet de lecture... — P. 618.

344. *a* Ce fut Jack qu'il trouva debout devant lui... — P. 638.

b Jack s'assit sur un banc pour ne pas tomber. — P. 658.

345. — La grande salle d'attente se trouvait déjà remplie... — P. 678.

346. *a* Tout au bout de la table... il s'endormait. — P. 27.

b On vit entrer un grand collégien basané... — P. 30.

c Moronval promenait ses « petits pays chauds ». — P. 31.

347. *a* Il y eut en l'honneur du nouveau un grand dîner... — P. 55.

b Voilà où en est réduit le dernier descendant du puissant Toco-donou. — P. 58.

c « Ah ! monsieur, c'est superbe... — P. 84.

348. *a* Aux repas, il occupait la pre-
          mière place près de Moron-
          val... — P. 85.

      b Et l'on faisait de beaux projets...
           — P. 108.

      c Il ne manquait jamais, en sortant
           de table, de se promener
           pendant un quart d'heure. —
           P. 109.

349. *a* Profiter de la débandade où le
          pensionnat s'en revenait...
          — P. 138.

      b Jack baissait la tête... — P. 139.

      c Un homme était allongé là...
           — P. 164.

350. *a* La maison était pleine de monde,
          d'animation. — P. 165.

      b « ... Entends-tu mes poules qui
           m'appellent ? J'y vais... » —
           P. 191.

      c La sourde antipathie de d'Ar-
           genton contre l'enfant se ré-
           veillait... — P. 213.

351. *a* La grande joie du docteur fut d'emmener les enfants. — P. 240.

b N'ayant pu effacer son tatouage, Labassindre le portait, l'étalait... — P. 263.

c « Alors tu me chasses, toi aussi? » — P. 266.

352. *a* « Viens çà, mignot, » dit le poète. — P. 267.

b Il n'y avait qu'à le voir, appuyé sur Charlotte... — P. 284.

c Il regardait aussi le costume étalé sur son lit... — P. 306.

353. *a* Le petit Jack est à l'étau! — P. 309.

b On venait de terminer une superbe machine... — P. 330.

c L'ajusteur... emmenait l'enfant avec lui dans l'usine déserte. — P. 331.

354. *a* L'homme est à genoux... — P. 348.

b La brise piquante et salée faisait filer la barque... — P. 372.

c « Allons, Jack, encore une tournée. » — P. 373.

355. *a* Ses poignets attachés avec des cordes. — P. 393.

b Oh ! le réveil lugubre de l'ivresse... — P. 397.

c Il se mit à lire malicieusement les journaux... » — P. 417.

356. *a* Charlotte... lui servait de secrétaire. — P. 469.

b Il restait là sur un banc devant la porte à côté du garde. — P. 493.

c Chez le docteur Rivals. — P. 517.

357. *a* Le comte Nadine blessé est soigné chez le docteur Rivals. — P. 533.

b Charlotte se précipite dans la chambre. — P. 577.

c « Il est là, » dit Bélisaire, montrant un grand diable en tenue de travail. — P. 595.

358. *a* Un beau matin, Ribarot partait... et ne se montrait plus... — P. 615.

b Mais Jack savait sa mère si folle, si bavarde... ! — P. 619.

c « D'Argenton m'a écrit, » lui dit-elle... — P. 639.

d « Je désire que Jack ne vienne pas, » répondit Cécile. — P. 659.

359. *a* Pendant la lecture du poème,
Charlotte, assise... — P. 679.

b « Jack, c'est moi... c'est Cécile ! » — P. 702.

c « En voilà un dormeur ! Allons...
réveillons-nous ! » — P. 703.

360. — 12 illustrations : en-têtes, culs-
de-lampe, etc...

François le Champi

par

GEORGE SAND

BURNAND

361. — La veillée. — P. 22.

362. — « On m'appelle François le
Champi. » — P. 25.

363. — La Zabelle. — P. 29.

364. — Il crut que la diligence était un gros animal toujours courant qui allait l'avaler et le dévorer. — P. 47.

365. — « Madame Blanchet, sauvez-moi ! » — P. 53.

366. — Quand la Zabelle le vit ainsi, elle le crut mort. — P. 57.

367. — La gardeuse de porcs. — P. 69.

368. — C'était lui qui allait chercher le blé des pratiques sur son cheval. — P. 89.

369. — Il n'en fallait pas tant pour déranger les esprits de Blanchet. — P. 101.

370. — Il ne s'en fàcha que plus fort. — P. 105.

371. — « Il faut que tu ailles te louer, et pas trop loin d'ici... » — P. 117.

372. — Et puis, il s'en alla... après avoir cueilli un feuillage de peuplier. — P. 123.

373. — La gardeuse d'oies. — P. 147.

— 5² —

374. — Il s'assit à côté d'elle sur une
      souche de vergne... — P. 157.

375. — Il vit devant lui... une belle et
      jolie jeune fille. — P. 163.

376. — Il s'en fut tout droit au lit jaune.
      — P. 165.

377. — « ... Allons, dites, la belle Ma-
      riette, dites ce que vous avez
      au bout de la langue... » —
      P. 201.

378. — Mariette s'en vint trouver Made-
      leine. — P. 237.

379. — Sur quoi la Sévère lui dit avec
      insolence que c'était bien long.
      — P. 241.

380. — Jeannette emmena Madeleine
      dehors. — P. 257.

381. *a* Couverture.

      b Les troupeaux paissent en si-
      lence. — P. 5.

382. *a* Madeleine traversa le petit pont.
      — P. 56.
      b Blanchet. — P. 61.

383. *a* Elle le trouva à genoux dans la grange et tout en larmes. — P. 68.

   b La servante.— P. 71.

384. *a* François faisait la lecture à Madeleine. — P. 77.

   b François restait près de Madeleine. — P. 80.

385. — Elle venait à bout d'assister son prochain. — P. 81.

386. — Quand ça fut dans le bois des châtaigniers... — P. 97.

387. *a* Paysage. — P. 113.

   b Madeleine. — P. 124.

388. — Paysage. — P. 127.

389. *a* Jean Vertaud. — P. 139.

   b Et le soir à la veillée... — P. 143.

390. — L'église. — P. 159.

391. — François... s'assit dans le quart de la cheminée... — P. 166.

392. *a* Et Le Champi d'accourir et de se jeter à deux genoux devant son lit... — P. 174.

   b Mariette. — P. 181.

393. — Il s'en alla se planter tout au droit de son chemin, au gué de la rivière... — P. 211.

394. — La Sévère vint babiller avec elle sous ce pommier fleuri... — P. 221.

395. *a* ... S'en fut... s'asseoir dans la petite futaie de chênes qui est au bout du pré. — P. 227.

    b Il vit Madeleine qui filait. — P. 229.

396. *a* François resta un peu avec Madeleine. — P. 241.

    b Ce fut au soleil couchant que François au Cormouer... — P. 256.

397. *a* Titre.

    b Frontispice. Le Moulin de Cormouer.

398. *a* Bords de rivière. — P. 1.

    b Anesse et ânon. — P. 11.

399. *a* Bergère et troupeau. — P. 17.

    b Paysage. — P. 23.

400. *a* Charrette dans un pré. — P. 38.

    b Foyer. — P. 39.

401. a Le dimanche, elle lisait des prières dans un coin du verger. — P. 41.

b Sur la route. — P. 47.

402. a Au bord de la rivière. — P. 75.

b Intérieur du moulin. — P. 88.

403. a L'étang de Rochefolle. — P. 93.

b Chèvre. — P. 109.

404. — Le moulin de Jean Vertaud. — P. 132. — Hors-texte.

405. a Les rivières y ravinent fort. — P. 133.

b Au moulin. — P. 137.

406. a Le moulin. — P. 149.

b Dans la campagne. — P. 152.

407. a Quand il fut là, il se mit à genoux et embrassa le bois de la croix. — P. 158.

b Il manquait beaucoup d'arbres... et l'endroit était bien changé! — P. 162.

408. a La basse-cour. — P. 169.

b La route du moulin. — P. 184.

409. *a* Et dès le soir le moulin était en
   état. — P. 185.

   b L'ânon. — P. 188.

410. *a* Moutons. — P. 193.

   b Dans l'étable. — P. 197.

411. *a* L'écluse. — P. 202.

   b L'étang aux canards. — P. 207.

412. *a* Canard. — P. 216.

   b Paysage. — P. 217.

413. *a* Sacs de farine dans le moulin.
   — P. 244.

   b Ferme. — P. 245.

414. — Bêtes au pâturage. — P. 251.

415. — 12 illustrations : en-têtes, culs-
   de-lampe, etc...

Chants du Soldat

par

PAUL DÉROULÈDE

☆

ALLONGÉ

416.   *a*   Paysage. — P. 246.
       b   Drapeau. — P. 247.
       c   Fleurs en bouquet. — P. 248.

BAUGNIES

417. — Mais un vieux soldat l'a pris sur son dos. — P. 20.

418.   *a*   L'enfant avait embrassé sa mère. — P. 21.
       b   Et le grand Arabe est là qui le garde... — P. 24.

BOUTIGNY

419. — La soupe est sur le feu, le vin dans la bouteille... — P. 26.

420. — « Tenez, les voilà qui s'élan-
cent ! » — P. 54.

421. — « ... Mais ils me volent mes
fagots !... » — P. 58.

422. — « Aux armes, mes enfants ! »
C'était le vieux curé. — P. 66.

423. — Ils sont là devant Paris... — P. 70.

424. — Ils sont là dans le village... —
P. 71.

425. — Lis ces deux mots sur cette
croix... — P. 146.

426. — La belle fille me tend sa joue.
— P. 158.

427. — Ah ! clairon, réveille ! — P. 200.

428. — C'est un fier poste que ton
grade ! — P. 208.

429. — Hurrah ! voici l'heure sainte...
— P. 226.

430. — Notre étendard flotte là-bas...
— P. 268.

431. — Les Kroumirs sont dans la montagne. — P. 306.

432. — O mon cavalier! la course est
    lointaine... — P. 310.

433. *a* « Enthousiasme. » — P. 55.
    b Il ramasse un fusil que la mort
       lui procure... — P. 67.

434. *a* Le curé de Bazeilles est mort
       pour son pays! — P. 68.
    b Prussien. — P. 72.
    c Viens çà, conscrit, qu'on t'exa-
       mine. — P. 147.

435. *a* La grande école du Drapeau
       saura te former... — P. 152.
    b Et lors me sautant à la face, la
       belle fille m'a mordu... —
       P. 160.
    c Va! clairon, réveille-nous donc!
       — P. 202.

436. *a* Et, viennent les jours de ba-
       taille, nous irons où tu veux
       qu'on aille... — P. 209.
    b Porte-drapeau, mon camarade,
       tu tiens la France dans ta
       main. — P. 212.

437. *a* Cosaque tiraillant. — P. 227.
    b Cosaque se mettant en selle. —
       P. 228.

438. *a* C'est une fière préférence que
     d'être choisi pour mourir! —
     P. 307.
     b A gloire à ceux-là... qui, tombés
     vainqueurs... — P. 311.

439. *a* Et, chantant et riant à la flamme
     vermeille... — P. 28.
     b Ah! les tambours n'ont plus
     battu... — P. 159.

440. *a* La marmite bout... — P. 27.
     b Sac, fusil, clairon. — P. 201.
     c Sac, fusil, clairon. — P. 308.
     d Kabyle couché. — P. 269.
     e Un marabout. — P. 270.
     f Prussien pendu. — P. 312.

FRAIPONT

441. *a* Salut, terre fraternelle. — P. 46.
     b Armes de Belgique. — P. 47.
     c L'union fait la force. — P. 52.

442. *a* Qui fait le guet quand tout som-
     meille... — P. 138.
     b Marchant sans cris, tombant
     sans plainte. — P. 139.
     c Et sur sa tombe obscure et
     fière. — P. 140.

— 61 —

443.   *a* Sans doute, nous aussi, nous
            sabrions l'Histoire... — P. 142.
    b Mais du grand Charlemagne au
            grand Napoléon. — P. 143.
    c Le Panthéon. — P. 144.
    d Réveil. — P. 174.
    e Sans savoir si j'étais Français...
            — P. 175.
    f Bouquet. — P. 176.

444.   *a* Écussons. — P. 154.
    b Alsacienne. — P. 155.
    c L'oiseau pilleur. — P. 156.
    d Oriflamme. — P. 194.
    e Ancre. — P. 195.
    f Coq Gaulois. — P. 196.

445.   *a* « Hélas, — dit le vieillard, —
            l'heure n'approche guère... »
            — P. 204.
    b Vivons d'abord en paix. — P. 205.
    c Tombe. — P. 206.

446.   *a* Lyre. — P. 214.
    b Palette, pinceaux. — P. 215.
    c Masques. — P. 218.
    d Sergent Hoff. — P. 230.
    e Fusil et croix. — P. 231.
    f Brandon allumé. — P. 234.

447. *a* France. — P. 250.
      b Casque prussien. — P. 251.
      c Fleurs. — P. 254.
      d Faisceau d'armes de paix et de guerre. — P. 300.
      e Chapeau de conscrit. — P. 301.
      f Obus éclatant. — P. 304.

448. *a* J'étais tout seul contre Un! — P. 256.
      b L'autre soir sur le chemin. — P. 257.
      c Me prend mon gilet, ma veste et jusqu'à mon pantalon... — P. 260.

449. *a* Exécution. — P. 263. — (Dessin de Maisonneuve).
      b Tombeau. — P. 266. — (Dessin de Maissonneuve).
      c Couronne. — P. 318.

GIRARDET

450. — Le vieux clairon sonne encor... — P. 8.

451. — Le clairon sonne la charge... — P. 9.

452. — Elle chanta nos chants de guerre — P. 84.

453. — Elle était debout sur les mar- ches. — P. 85.

454. — Il achève de mourir. — P. 11.

DU PATY

455. — C'est ici, mes enfants, que je veux qu'on m'enterre. — P. 14.

456. a C'était après un jour de lutte et de défaite. — P. 15.

b La tombe se creusait au sol de la Patrie. — P. 18.

457. — Le courant les renverse et la glace les tient. — P. 34.

458. a Les petits Vitriers. — P. 35.

b Il se laisse engloutir par le gouffre glacé. — P. 38.

459. — Tout bas les Turcos s'entretien- nent... — P. 40.

460. a C'est qu'on les égorge en silence... — P. 41.

b On les emmène en Allemagne. — P. 44.

— 64 —

461. — Le soldat arracha cet homme à cette brute. — P. 60.

462. *a* Le camp des prisonniers. — P. 61.
b Et l'on fit sur les rangs deux décharges mortelles... — P. 64.

463. — Et les voilà jouant de la crosse et du sabre. — P. 78.

464. *a* Enfants, ces canons-là nous gênent. — P. 79.
b Ils étaient neuf, avec dix canons sur les bras... — P. 82.

465. — Non, je suis Français surtout... — P. 94.

466. *a* Les hommes n'en peuvent plus... — P. 95.
b Les vaincus marchaient au pas... — P. 98.

467. — Gronde, canon ; crache, mitraille... — P. 120.

468. *a* Le tambour bat, le clairon sonne... — P. 121.
b En avant ! tant pis pour qui tombe... — P. 122.

469. *a* « Chauffe-toi, soldat... » —
          P. 131.
      b « Refais-toi, soldat... » — P. 132.

470. — « Eh bien ! ça va conscrit ? »
          — P. 178.

471. *a* Et ce fut un petit paysan triste.
          — P. 179.
      b « Embrasse-moi, conscrit... »
          — P. 192.

472. — Grand-papa sourit, grand'maman
          embrasse... — P. 272.

473. *a* Monsieur le hulan fume sur la
          porte. — P. 273.
      b Monsieur le hulan se fait en-
          terrer. — P. 279.

PICARD

474. — Oui, France, on t'a vaincue...
          — P. 3.

475. — Nos trois couleurs flottant. —
          P. 30.

476. — Ah ! ne la chantons plus... —
          P. 31.

477. — Allégorie. — P. 74.

478. — Mais si je suis debout... — P. 75.

479. — C'est le vieux moissonneur Attila
qui les fauche... — P. 90.

480. — Eux, les Huns d'aujourd'hui...
— P. 92.

481. — Et Regnault expirant est là...
— P. 104.

482. — Eh bien! moi, je le hais, ce
peuple... — P. 105.

483. — C'est la sainte et grande
Paysanne... — P. 125.

484. — Non, ces carnassiers-là ne sont
pas des lions... — P. 134.

485. — Une femme au sein blanc berce
son fils... — P. 288.

486. — Je vis les yeux fixés sur la fron-
tière... — P. 314.

487. — Frontispice du Livre Premier.
— P. 2.

488. *a* Sabre et drapeau. — P. 6.
    b Clairon et casque. — P. 32.
    c Armes. — P. 76.

489.   *a* Intérieur d'atelier. — P. 91.
      b Buste de Corneille. — P. 101.

490.   *a* Berlin. — P. 107.
      b Athènes. — P. 289.
      c Metz. — P. 315.

491.   *a* Frontispice du Livre Second.
             — P. 110.
      b Feux de l'amour. — P. 243.
      c Allez, chers amis... — P. 244.

492.   — Voyez-les tous deux partir dans
           la vie... — P. 242.

PILLE

493.   — Les kroumirs d'Europe, c'est
           nous ! — P. 282.

494.   — C'est notre art à nous, la ra-
           pine... — P. 283.

495.   — Nous ne vivons que de butin...
           — P. 286.

MAISONNEUVE

496.   — « Je suis Français, répondit-il, je
           recommencerai... » — P. 262.

MERWART

497.   *a*   A ma mère. — P. 115.
       b   Ayant le casque, ayant en main
             le glaive... — P. 172.

498.   *a*   Allégorie. — P. 221.
       b   S'il te faut ma mort, mort à
             moi ! — P. 224.

499.   *a*   C'est toi, mère, c'est toi qui
             leur as dit... — P. 114.
       b   Elles n'ont pas connu les larmes
             du retour... — P. 118.
       c   Les femmes de Murcie ont dé-
             fendu l'Espagne. — P. 240.

500.   —   Othoniel, se levant, leur dit :
           « Vous êtes prêts ! » — P. 162.

501.   —   L'un d'entre eux se leva qui
           leur dit : « Nous souffrons ! »
           — P. 163.

502.   —   « Sultan vainqueur, dit-il, vois-tu
           qui m'accompagne ? » — P. 236.

503.   —   On en tuait pourtant de ces
           chiens de chrétiens... — P. 237.

504.   —   Gloire à la France ! — P. 220.

505.   —   5 illustrations de Picard.

Port-Tarascon

par

ALPHONSE DAUDET

✩

ROSSI

506. — Du grand break attelé... elle nous semblait divine cette fin de jour. — P. 1.

507. — Mistral courut au commissaire de surveillance. — P. 12.

508. — Des groupes arrêtés devant chaque affiche... — P. 55.

509. — Il la rassura doucement. — P. 65.

510. — Le timide Pascalon s'appuyant au bastingage... — P. 87.

511. — Pascalon, rédacteur du Mémorial de Port-Tarascon. — P. 159.

512. — De mon bureau, j'entends les battoirs des laveuses... — P. 162.

513. — J'ai eu le bonheur d'être parrain. — P. 163.

514. — Le diner fini, resté seul avec mon bon maître... — P. 165.

515. — Offrir aux invités des infusions de tilleul... — P. 167.

516. — Il trouvait la pauvre femme au lit... — P. 205.

517. — C'était vraiment une délicieuse petite singesse... — P. 216.

518. — Toujours en haut de quelque cocotier... — P. 223.

519. — La princesse, très jolie dans sa robe blanche... — P. 231.

520. — Aujourd'hui, mariage de S. Exc. Tartarin avec la princesse Négonko. — P. 233.

521. — Les dames d'honneur n'avaient pu la décider à descendre qu'en lui montrant une boîte de sardines... — P. 249.

522. — Tartarin montait sur le pont... — P. 266.

523. — Une vieille gitane lui disant : « Un jour, tu seras roi. » — P. 268.

524. — Dolente et délicate créole, étendue sur une chaise longue... — P. 269.

525. — Appuyé au fauteuil de lady William... — P. 289.

526. — Je la vois quelquefois passer, ma Clorinde... — P. 359.

527. — Je trouve le héros dans son jardin... — P. 362.

528. — Hier dimanche, la cavalcade a eu lieu... — P. 363.

529. — Je dis quelques vers, tirés des *Jujubes*... — P. 367.

530. — Ma Clorinde avec une autre personne. — P. 371.

531. — Et ce baobab dans son petit pot... — P. 373.

532. — On s'embrassa... je pleurais... — P. 380.

533. — Il nous faisait signe par derrière. — P. 381.

534. — D'un peu plus, je me coupais avec son rasoir. — P. 386.

535. — Aquarelle de Rossi non publiée.

MYRBACH

536. — Quinze cents à deux mille Tarasconnais... — P. 20.

537. — Les pauvres Tarasconnais... sans
cesse en alerte... — P. 24.

538. — L'élève, très intrigué, se mit à
ranger. — P. 41.

539. — On avait pu faire remonter le
fleuve au navire jusqu'à la
ville... — P. 69.

540. — Tartarin étudiait le Papoua...
— P. 86.

541. — Le capitaine Scrapouchinat. —
P. 89.

542. — L'île de Port-Tarascon est en
vue... — P. 116.

543. — « Que diable est ceci?... Personne au-devant de nous... »
dit Tartarin. — P. 117.

544. — Très perplexes, tous regardaient... — P. 120.

545. — Un peu plus loin apparaissait
une espèce de vieille baraque... — P. 123.

546. — Bondissait des broussailles un être bizarre, hideux, couvert de tatouages... — P. 132.

547. — On héla le canot... — P. 136.

548. — Si bien qu'une belle nuit les sauvages envahirent la baraque... — P. 141.

549. — Les prisonniers étaient dévorés par ces sauvages cannibales... — P. 143.

550. — La nuit, les miliciens restaient campés sur le rivage... — P. 152.

551. — Un perpétuel va-et-vient de canots chargés... — P. 153.

552. — La caronade, servie par le Père Baillet, répondit... — P. 156.

553. a Bien étiques, bien maigres, ces trois vaches camarguaises... — P. 181.

b Une des bêtes entra dans la lice... — P. 183.

554. *a* Il s'approcha du roi et frotta son nez contre le sien... — P. 193.

b Le roi... entonna d'une voix rauque... — P. 195.

555. — Seul Negonko faisait tache. — P. 234.

556. *a* Départ de Tartarin de Port-Tarascon. — P. 254.

b Le commodore tenait Pascalon le soir, devant l'échiquier... — P. 295.

557. *a* On leur avait mis les menottes. — P. 298.

b Tartarin dans les fers, à Tarascon! — P. 299.

558. — Tartarin dans sa prison. — P. 318.

559. *a* Le tribunal. — P. 319.

b « Devant Dieu et devant les hommes, je jure... » — P. 325.

560. *a* Une suspension d'audience, dont on profita pour emporter une douzaine de gendarmes évanouis. — P. 335.

b A dire le vrai... j'en doute presque... — P. 337.

561. *a* Il cherchait dans ses poches...
— P. 339.

b Le public... continuant de vomir
sa colère... — P. 354.

562. — Bézuquet regarde son tatouage.
— P. 355.

563. — Le Père blanc... quand il lève et
secoue ses larges manches...
— P. 92.

564. — Dans le grand canot, il prit
place. — P. 121.

565. — Il était trop tard pour éviter le
terrible coup de casse-tête...
— P. 129.

566. — Bézuquet raconte l'arrivée des
premiers Tarasconnais à Port-
Tarascon. — P. 137.

567. — Toute la colonie jetait des pierres
à la vache... — P. 185.

568. — On ramenait cinq ou six prisonniers de marque... — P. 189.

569. — Le roi Négonko cédait l'île de
Port-Tarascon... — P. 198.

570. — Fuite de quelques-uns des colons
de Port-Tarascon... — P. 217.

571. — Le premier, un officier anglais...
— P. 241.

572. — La dignité d'attitude de Tartarin... impressionna fort les
Anglais. — P. 257.

573. — Empilés dans l'entrepont... — —
P. 263.

574. — Il visa, compta dix et tira... —
P. 275.

575. — Un dîner chez le commodore...
— P. 281.

E. BIELER

576. — Le duc de Mons. — P. 38.

577. — « Monsieur Tartarin connaît seul
ma pensée. » — P. 51

578. — 37 illustrations de Montégut.

579. — 8 illustr. : Myrbach, Rossi, etc...

Tartarin sur les Alpes

par

ALPHONSE DAUDET

☆

ARANDA

580. — Des sociétés de tir et de gymnas-
    tique. — P. 32.

581. — Planté sur les cimes des Alpines
    le drapeau du club... — P. 33.

582. — Costecalde. — P. 36.

583. — Quand le soir au cercle, Tartarin
    racontait ses affûts au lion...
    — P. 37.

584. — Il allait, les mains derrière le
    dos, à petits pas... — P. 40.

585. — Il longeait l'étroite maçonnerie
    du bord, au grand effroi de là
    vieille servante. — P. 41.

586. — Il crut indispensable de mettre
    ordre à ses affaires. — P. 45.

587. — Mes dernières volontés sont là.
    — P. 49.

588. — Quinze jours que Bézuquet l'attendait, cette lettre de Suisse...
— P. 164.

589. — Ce qui m'arrive est épouvantable. — P. 165.

590. — « Pascalon, dit le pharmacien tout bas, j'ai des nouvelles de Tartarin... » — P. 169.

591. — Il jetait en passant des demi-mots aux promeneurs du Cours. — P. 172.

592. — « C'est faux... le président a écrit... » — P. 173.

593. — L'élève de Bézuquet, assis au bureau du patron, collait... — P. 181.

594. — Soudain la longue tête de cheval blanc de Mlle Tournatoire se colora. — P. 352.

595. — Pendant que le paysan exhalait sa fureur... — P. 357.

596. — Deux ou trois petits drôles branchés dans un gros platane... — P. 361.

597. — « *Vé!* Tartarin!
     — *Vé!* Gonzague! » — P. 364.

598. — 3 illustrations : aquarelles et
     dessins.

DE BEAUMONT

599. — « Bavard!... » fit-elle avec un
     haussement d'épaules... —
     P. 273.

600. — « Tiens! Bonivard... » s'écria la
     petite effrontée... — P. 285.

LUIGI ROSSI

601. — Couverture.

602. — Alph. Daudet.

603. — Frontispice.

604. — Rigi-Kulm. — P. 1.

605. — L'arbalétrier ne fut plus qu'un
     gros homme trapu... — P. 5.

606. — À table... — P. 12.

607. — Le salon de lecture. — P. 13.

608. — Les deux savants. — P. 16.

609. — Le ténor italien jouait tout seul au billard... — P. 17.

610. — Trois « musicos », harpe, flûte, violon... — P. 21.

611. — L'élan est donné. On danse... — P. 25.

612. — Il prit la plume... — P. 28.

613. — Départ de Tartarin. — P. 52.

614. — Il débarquait à Vitznau. — P. 53.

615. — Sur les pentes vertes du Rigi. — P. 56.

616. — Elle fut prise d'un rire inextinguible... — P. 57.

617. — Il tira ses lunettes... — P. 61.

618. — Il est d'usage de réveiller... — P. 68.

619. — Il reconnut le gazouillis étrange de sa petite voisine... — P. 68.

620. — Tout ému de sentir une minute cette main mignonne. — P. 69.

621. — Où le groupe s'éloignait. — P. 72.

622. — Ici, des ascensionnistes à la file... — P. 80.

623. — Toute une bande de l'armée du Salut... — P. 88.

624. *a* Sur le bateau. — P. 89.
 b La barre du *Winkelried*. — P. 92.

625. *a* On abordait le ponton... — P. 93.
 b En bas, il avait retrouvé des figures... — P. 97.

626. — La chapelle de Guillaume Tell. — P. 100.

627. *a* Le peintre. — P. 101.
 b « Mal épaulé, je vous dis... » — P. 104.

628. — Et son petit œil flamboyant qui visait... — P. 105.

629. *a* On brandissait des pliants, des parapluies... — P. 109.
 b C'était Bompard... — P. 113.

— 82 —

630. *a* Site alpestre. — P. 140.

    b Sonia. — P. 141.

631. — La jeune fille le regardait... —
P. 145.

632. — Un grand vieux, vêtu d'un extraordinaire habit bleu...—P. 152.

633. — Et, debout, dans la voiture,...
Tartarin... — P. 153.

634. — Le temps d'armer une vieille ca-
rabine... — P. 157.

635. *a* A cent mètres au-dessus d'eux,
les cornes droites... la jolie
bête... — P. 221.

    b Le chamois tué. — P. 224.

636. *a* L'ascension. — P. 229.

    b Voilà Tartarin cloué au sol... —
P. 240.

    c Inhabile à tenir son piolet... —
P. 241.

637. *a* On sentait le soir proche... —
P. 245.

    b « Soyez les bienvenus, milord... »
— P. 249.

    c Le hissant jusqu'en haut du mur
de glace... — P. 260.

— 83 —

638. — Il venait de voir passer une petite toque... — P. 268.

639. — Le petit cimetière dans les roses,
au bord du lac... — P. 269.

640. — En-tête de la table des matières.

641. — Au sommet de la Jungfrau.
(*Grande Édition*).

642. — Cul-de-lampe final.

═

MYRBACH

643. — Les gens de l'hôtel, surpris... —
P. 4.

644. — Le général péruvien et ses demoiselles... — P. 8.

645. *a* Sonia et Boris. — P. 20.

b Le joueur de cor des Alpes. —
P. 76.

646. — Et assis sur le parapet... —
P. 120.

647. *a* Sonia. — P. 124.

    b C'est elle qui a tué d'un coup de revolver, en pleine rue... — P. 125.

648. *a* Voici que les voitures s'ébranlaient... — P. 132.

    b Paysannes. — P. 133.

649. *a* Tout à coup les voitures s'arrêtèrent. — P. 137.

    b Le relai! — P. 148.

650. *a* Soutenant de ses mains robustes un grand plateau... — P. 149.

    b « Voilà, voilà... » répondait le héros... finissant sa barbe... — P. 188.

    c Aller à la poste restante... — P. 193.

651. — Guettait les physionomies avant de s'approcher... — P. 197.

652. *a* Campé au milieu du salon, ramassé sur ses jambes courtes... — P. 201.

    b Il aperçut des gens groupés au fond devant sa porte... — P. 205.

    c « Vous avez demandé la bannière, nous vous l'apportons, té! » — P. 209.

653. *a* Des fillettes plantées au bord du chemin . . . chantant des chœurs. —P. 217.

  b On but sec, on mangea ferme. — P. 220.

654. — Tartarin épaula méthodiquement selon son habitude ; il allait tirer... — P. 225.

655. *a* Le chamois. — P. 232.
  b Montagne. — P. 233.
  c Une caravane tapageuse et barbue... — P. 236.

656. *a* Montreux ! — P. 264.

  b « Qu'est-ce qu'il nous veut, ce gendarme, de nous examiner comme ça ? » — P. 265.

657. *a* Une voiture de louage venant à fond de train... — P. 276.

  b Tartarin le comprit en entendant l'officier de gendarmerie discuter avec le concierge du château... — P. 277.

658. — Tartarin apparaît devant le préfet du district... — P. 281.

659. — Enfin la caravane.. traversa les rues de Chamonix. — P. 313.

660. — L'ulster balayant la glace comme
une pelure d'ours gris... —
P. 317.

661. *a* Aux Grands-Mulets. — P. 320.

b L'aubergiste étalait devant eux
les trésors de son petit mu-
sée... — P. 321.

662. *a* Bompard et Tartarin. — P. 324.

b Et cette brochée de corps humains... — P. 332.

663. *a* « Outre !
— Boufre ! » — P. 345.

664. *a* Au téléphone ! — P. 81.
b Tête de guide. — P. 121.
c Costecalde... agitait la sonnette
présidentielle... — P. 180.

665. *a* Le landau piaffait devant l'hôtel...
— P. 189.

b Pendant qu'ils devisaient de ces
choses... — P. 192.

666. *a* ... Dévisageait sous le nez avec
des yeux féroces une grosse
fille d'auberge... — P. 196.

b Relevant sa manche jusqu'au
biceps pour montrer son
bras... — P. 200.

667. — Au salon ils trouvèrent la famille
du pasteur... — P. 297.

668. *a* D'où il ramenait... un long diable
au grand nez... — P. 301.

b Alors une discussion commença...
— P. 305.

669. *a* Sa femme l'imita, puis toutes
ses demoiselles. — P. 309.

b Où des ombres craintives et
toutes petites sont attachées...
— P. 325.

670. *a* Remonter est plus difficile... —
P. 329.

b Et Bompard, à genoux, la tête
hors du sérac... — P. 341.

c Sur la route au retour.

671. *a* Riz et pruneaux. — P. 9.
b Dans un cadre noir... une gra-
vure. — P. 77.
c Gourde — revolver. — P. 116.
d Le col du Brünig. — P. 129.
e Les frères Rognonas.— P. 177.
f Tartarin rêvant. — P. 204.

672.   *a* Sous un tunnel. — P. 117.
      b La Jungfrau. — P. 185.
      c Paysage alpestre. — P. 213.
      d L'ascension de la Jungfrau. —
          P. 237.

673. — Montreux. — P. 261.

674.   *a* Château de Chillon. — P. 289.
      b Chamonix. — P. 293.
      c Sur le sol tout blanc, lourds et
          ramassés, les alpinistes. —
          P. 333.
      d Sous le sérac. — P. 337.

675. — 6 illustrations : aquarelles, des-
      sins de Rossi et Myrbach.

676. — Un lot de dessins.

Édouard Guillaume, Édit.-Imp., 105, boulevard Brune, à Paris.

www.ingramcontent.com/pod-product-compliance
Ingram Content Group UK Ltd.
Pitfield, Milton Keynes, MK11 3LW, UK
UKHW031836170726
13836UKWH00004B/1717